The Usborne
Everyday Words
Sticker Book
in Spanish

Designer and modelmaker: Jo Litchfield

Spanish language consultant: Pilar Dunster
Photography: Howard Allman

With thanks to Staedtler for providing the
Fimo® modelling material

How to use this book

Each double page in this book shows a busy scene.
Around the edges you will find the names of some of the
things in the scene and spaces for putting the appropriate
picture stickers. Encourage your child to match the word
on the stickers, giving help if needed by reading
out the names.

First published in 2005 by Usborne Publishing Ltd, 83-85 Saffron Hill, London EC1N 8RT, England. www.usborne.com

La ciudad

 Busca quince coches

la gasolinera

el supermercado

las tiendas

el hospital

la piscina   el colegio   el aparcamiento   el cine   el puente

3

La calle

Busca doce pájaros

la panadería

el camarero

el policía   la farmacia   la sillita

la parada
de autobús

4

la carnicería   el perro   el café   el monopatín

el bombero

el panadero

el policía

el cochecito
de niño   la farola   el correo   el gato   el panadero

La casa

Busca ocho tazas

la alfombra

la puerta   el picaporte   la moqueta   el tejado   el pasamanos

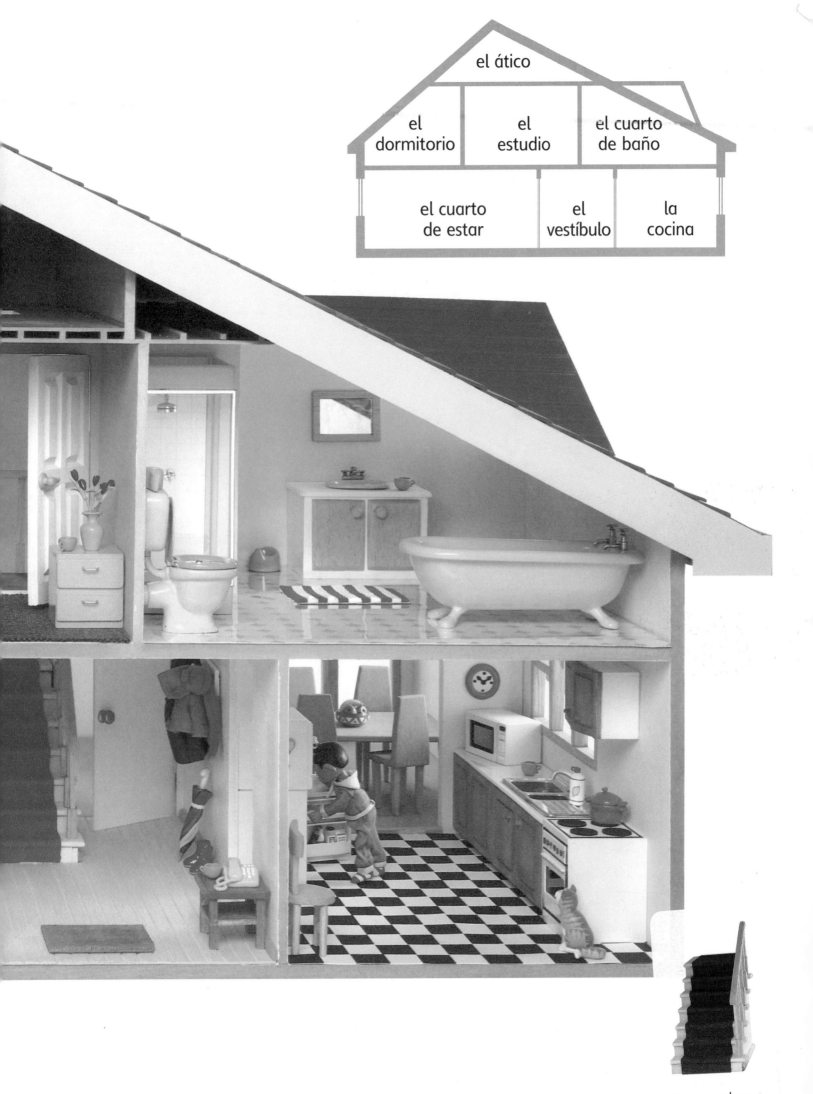

el ático

el dormitorio

el estudio

el cuarto de baño

el cuarto de estar

el vestíbulo

la cocina

la chimenea   el interruptor   la alfombra   la ventana   las escaleras

7

El jardín

la oruga

el tiesto

la abeja

la azada

el hueso

el cachorro

8

la babosa la mariquita la hoja el caracol la hormiga

el rastrillo

la caseta del perro

el árbol

la barbacoa

la mariposa la carretilla las semillas el nido el cortacésped

9

La cocina

 Busca diez tomates

el fregadero

el cuchillo

la lavadora

el tostador
de pan

la silla

el platillo

la mesa

la taza

la sartén

el microondas   el tenedor   el colador   la cocina   la cuchara

el recogedor

el lavaplatos

el plato   el cazo   la jarra   el tazón   el frigorífico

El cuarto de estar

 Busca seis casetes

el CD

el
monedero

el sillón

la aspiradora la cinta de vídeo el sofá el vídeo

 el CD

 el tiesto

 verde

 el colegio

 la hormiga

 el platillo

 el helado

 la medialuna

 el cine

 la televisión

 la cocina

 el gallo

 el caramelo

 rojo

 los columpios

 la gasolinera

 el aparcamiento

 el triángulo

 el camarero

 el subibaja

 la piscina

el piano

la jarra

 la médica

el caracol

el papel

la farola

el cortacésped

la azada

el rastrillo

el despertador

el cohete

la flauta

la marioneta

la manta

el regalo

la aspiradora

la pintura

el
rompecabezas

la oruga

el burro

la tarjeta

las
patatas fritas

la sillita

la pizarra

el hospital

la vela

la cinta de vídeo

el círculo

marrón

la pajita

la cometa

el vídeo

la bailarina

la flor

el astronauta

el taburete

rosa

el sofá

el supermercado

el nido

el caballete

la puerta

el recogedor

el lápiz

el osito de peluche

el estéreo

naranja

el caballo

el tobogán

la cama

el árbol

la farmacia

 el tambor

 el chocolate

 el pájaro

 el cerdo

 el globo

 la muñeca

 el elefante

 la tarta

 la panadería

 la chimenea

 el cochecito de niño

 la caseta del perro

 las patatas fritas

 el pato

 el granero

 la mariposa

 el tostador de pan

 gris

 el ternero

 el hueso

 la rueda

 la abeja

 el perrito caliente

 la serpiente

 el perro

 el tazón

 el cocodrilo

 el frutero

el tenedor

la cinta

el pegamento

la chica

la valla

el pavo

el monedero

el tejado

el ganso

la mesa

el sillón

la cinta adhesiva

la nave espacial

el pasamanos

el rotulador

el puente

la regla

el toro

el cazo

el estanque

el robot

el óvalo

el chico

la oveja

el monopatín

la cuerda

el pollito

las cartas

el fregadero

la sirena

el payaso

la vaca

la tiza

el lavaplatos

la cuchara

la grabadora

los cubos

la estrella

el frigorífico

el patito

el microondas

la piscina para niños

la raqueta de tenis

el pincel

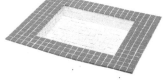
la bandeja

la mesilla

las tiendas

el profesor

las tijeras

el rectángulo

el interruptor

el vaquero

la carretilla

la silla de ruedas

el granjero

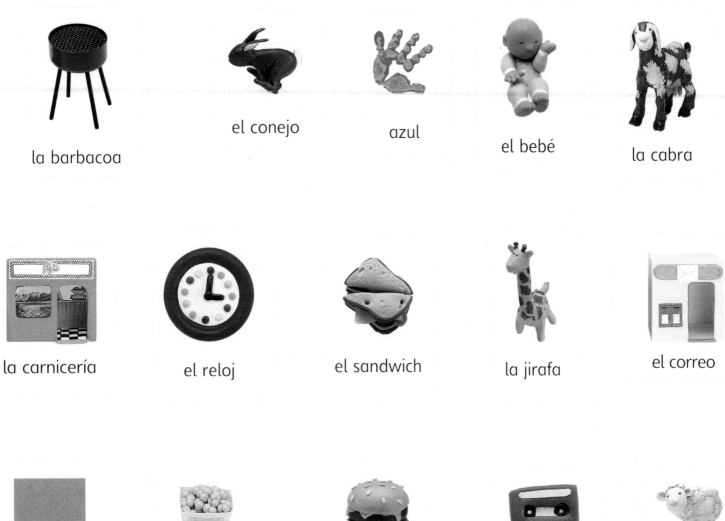

la barbacoa

el conejo

azul

el bebé

la cabra

la carnicería

el reloj

el sandwich

la jirafa

el correo

el cuadrado

las palomitas

la hamburguesa

el casete

el cordero

la cómoda

el cojín

la silla

el león

la gallina

la sartén

el cerdito

la taza

blanco

el gato

el plato

el sacapuntas

la trompeta

la percha

negro

las semillas

la parada
de autobús

la moqueta

el colador

la silla alta

la ventana

el cuchillo

amarillo

el picaporte

la hoja

el cuaderno

el café

la mariquita

la pandereta

el bolígrafo

morado

el bombero

la babosa

la lavadora

el pirata

el estéreo

el
rompecabezas

la televisión

la flauta

la flor

el frutero

la pandereta

la bandeja

el cojín

el piano

los auriculares

13

El dormitorio

 Busca cuatro arañas

el cocodrilo   la trompeta

la cómoda

el robot

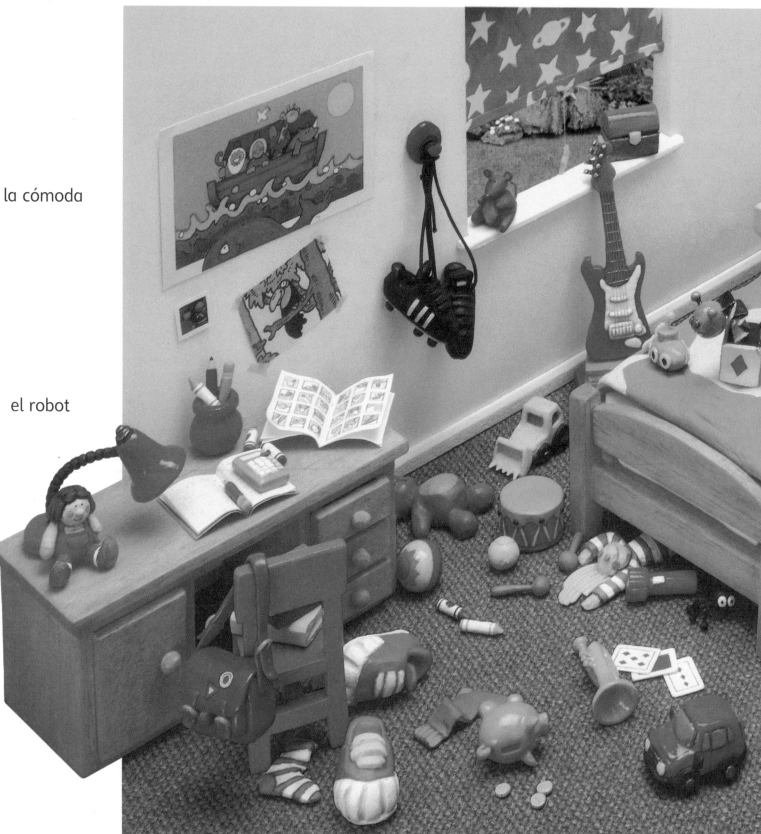

la cama   el osito de peluche   el cohete   la muñeca   el tambor

14

la nave espacial   el elefante   el casete   la serpiente   el despertador

la marioneta

la mesilla   el león   la manta   la jirafa   las cartas

La granja

Busca cinco gatitos

el cerdito   el cerdo

el ganso

el toro

la vaca

el ternero

el gallo   el pollito   la gallina

el granero el conejo la oveja el cordero el estanque

el burro

la cabra

el granjero

el pavo

la valla el patito el pato el cachorro el caballo

La clase

 Busca veinte pinturas de cera

el sacapuntas

el caballete

el bolígrafo

el papel

el rotulador

la tiza

la percha

las tijeras

la pizarra

la cuerda   el taburete   el lápiz   la goma   la cinta adhesiva

el pegamento

los cubos

la pintura

el pincel

los auriculares

el reloj   el cuaderno   la regla   el profesor

19

La fiesta

 Busca once manzanas

la grabadora

el regalo

el pirata

el vaquero

la médica

las patatas fritas

las palomitas

el globo

la cinta

la tarta   el chocolate   el helado   la tarjeta

la bailarina

la sirena

el astronauta

el caramelo   la vela   la pajita   la silla alta   el payaso

El parque

Busca siete balones de fútbol

la piscina para niños

el chico

el pájaro   el sándwich   la raqueta de tenis   la hamburguesa   la cometa

el bebé

el perrito caliente

las patatas fritas

la silla de ruedas

la chica

los columpios   el subibaja   la rueda   el tobogán

23

Las formas

el óvalo   el círculo   la medialuna

el triángulo   el cuadrado

el rectángulo   la estrella

Los colores

rojo   rosa

amarillo   marrón

gris   azul

morado   blanco   verde   negro   naranja